PAIDEIA ÉDUCATION

ARISTOPHANE

Lysistrata

Analyse littéraire

© Paideia éducation, 2020.

1 rue Honoré - 93500 Pantin.

ISBN 978-2-7593-0742-5

Dépôt légal : Juin 2020

*Impression Books on Demand GmbH
In de Tarpen 42
22848 Norderstedt, Allemagne*

SOMMAIRE

- Biographie de Aristophane 9

- Présentation de *Lysistrata* 13

- Résumé de l'oeuvre 17

- Les raisons du succès 23

- Les thèmes principaux 29

- Étude du mouvement littéraire 39

- Dans la même collection 43

BIOGRAPHIE

ARISTOPHANE

Aristophane est sans doute, pour nous, le poète comique le plus célèbre de l'Antiquité grecque. Pour autant, nous disposons de peu d'informations solides sur sa vie. Il naît aux environs de 445 avant J.-C., vraisemblablement à Athènes, dans une famille modeste. Selon d'autres hypothèses, moins bien reçues par les spécialistes, il pourrait aussi être originaire de Rhodes ou d'Égine, île dans laquelle il vit avec ses parents au moment de son adolescence avant de revenir à Athènes. Mais le fait qu'Aristophane eût été un métèque à Athènes semble peu convaincant par rapport à l'acuité politique dont il fait preuve à l'égard de la société athénienne de son époque.

En 427, il écrit une première pièce, *Les Banqueteurs*, qu'il présente sous le nom de Callistratos ou de Philonidès. L'usage de prête-noms est courant pour les jeunes auteurs encore inconnus du public, qui font souvent jouer leurs premières pièces sous le nom d'un dramaturge déjà illustre. L'année suivante, il écrit *Les Babyloniens*. Ces deux premières œuvres sont malheureusement perdues. En 425, il présente *Les Acharniens*, qui remporte le premier prix.

Nous disposons aujourd'hui de onze œuvres d'Aristophane, sur un total estimé à quarante comédies : les Acharniens, les Cavaliers, les Nuées, les Guêpes, la Paix, les Oiseaux, Lysistrata, les Thesmophories, les Grenouilles, l'Assemblée de femmes et Ploutos. Toutes sont contemporaines de la guerre du Péloponnèse (431-404) qui oppose Athènes et Sparte.

Aristophane meurt vers 385, peu après avoir écrit sa dernière pièce, *Ploutos*.

PRÉSENTATION DE LYSISTRATA

Lysistrata est jouée pour la première fois en 411, vraisemblablement aux Lénéennes, mais la datation de la pièce ne permet pas d'en être certain. Il convient de rappeler que le théâtre grec se présente dans le cadre de festivals, où concourent des poètes tragiques et comiques : les poètes tragiques, au nombre de trois, doivent présenter trois tragédies et un drame satirique ; les poètes comiques, au nombre de cinq, une seule comédie. Les Grandes Dionysies, fin mars, et les Lénéennes, en janvier-février, constituent les deux grands événements théâtraux de l'Athènes antique.

Lysistrata est en tout cas une comédie qui retentit dans une Athènes en déroute, sur le point de perdre la guerre du Péloponnèse, agitée par des dissensions internes qui laissent craindre une guerre civile. C'est dans ce contexte politique tendu qu'Aristophane décide de faire parler les femmes, réduites au silence dans une société où l'espace politique est exclusivement masculin. Plus encore que la parole, le poète comique leur donne la force d'action, révélant ainsi toute leur puissance féminine, qui apparaît alors utile à la vie publique. En faisant la grève du sexe pour obtenir la paix, les femmes prennent le contrôle d'une situation qui dépasse leurs maris, avec des armes qui leur sont propres. Ce parti-pris audacieux– et la drôlerie avec laquelle Aristophane le met en scène – fait de *Lysistrata* une pièce détonante et rare, qu'il est tentant de réinvestir dans nos problématiques, plus modernes, d'égalité entre hommes et femmes.

RÉSUMÉ DE L'OEUVRE

Les comédies anciennes ne sont pas structurées en actes et en scènes. Cependant, les différents épisodes se distinguent nettement, notamment grâce à l'alternance entre les moments où les protagonistes dialoguent et les moments où le chœur chante.

v. 1-253 :

Lysistrata convoque plusieurs femmes du Péloponnèse, parmi lesquelles se trouvent Cléonice, Lampito et Myrrhine. Elle leur propose de prendre position sur l'Acropole et de faire une grève générale du sexe pour arrêter la guerre. Malgré leur réticence, les femmes finissent par se laisser convaincre et prêtent serment.

v. 253-386 (*parodos*) :

Un chœur de vieillards entre en scène et essaie de mettre le feu à l'Acropole, mais il en est empêché par l'arrivée d'un chœur de femmes, chargées d'eau pour parer à l'incendie.

v. 387-461 :

Un commissaire arrive et veut enfoncer les portes de la citadelle des femmes, mais Lysistrata sort et d'autres femmes l'aident à mettre ses archers en déroute.

v. 462-613 :

Scène d'*agon* (débat) entre Lysistrata et le commissaire : elle souhaite que les femmes administrent l'argent de la cité et la guerre, puis dénonce la condition féminine et les inégalités subies. Avec Cléonice et Myrrhine, elle ceint le commissaire d'attributs féminins. Il peine à se défendre face aux arguments de Lysistrata.

v. 614-705 :

Le chœur des vieillards et le chœur des femmes, qui justifient l'implication des femmes dans la vie de la cité, prolongent l'*agon* entre Lysistrata et le commissaire.

v. 706- 780 :

Lysistrata se lamente de la faiblesse des femmes qui peinent à tenir leur serment et commencent à se plaindre. Elle les encourage à tenir, jusqu'à ce qu'un oracle vienne appuyer son discours : toutes les femmes sont alors convaincues du bien-fondé de l'opération.

v. 781-828 :

Nouvelle dispute entre le chœur des vieillards et le chœur des femmes. Une femme refuse les avances d'un vieillard.

v. 829-979 :

Lysistrata arrive et annonce qu'elle a vu arriver un homme hors de son bon sens. C'est Cinésias, l'époux de Myrrhine, qui vient la réclamer dans son lit. Celle-ci feint de céder avant de le fait languir et de l'abandonner à son sort.

v. 980-1012 :

Un héraut lacédémonien arrive et annonce au prytane que les hommes de Sparte n'en peuvent plus de frustration.

Les deux hommes comprennent cette situation résulte d'une conspiration générale des femmes.

v. 1013-1071 :

Les coryphées des deux chœurs font la paix.

v. 1072-1189 :

Les ambassadeurs de Sparte arrivent. Tous les hommes sont en érection, et décident de demander la paix. Lysistrata argumente en faveur de cette paix, et les hommes cèdent, bien plus par frustration que par réflexion politique.

v. 1190-1320 :

Festin général, accompagné de chant.

LES RAISONS
DU SUCCÈS

Lysistrata est une pièce politique qui nécessite, pour qui voudrait la comprendre, de connaître le contexte dans lequel Aristophane l'a pensée et écrite. Depuis 478, Athènes est l'hégémon du monde grec : à cette puissance maritime déterminante qui a permis de repousser l'ennemi perse, les autres cités sont tenues de verser un tribut en échange de leur protection. Mais cette hégémonie impérialiste irrite rapidement, et quelques cités s'en vont chercher auprès de Sparte un allié. Deux coalitions se forment – l'une pro-athénienne, l'autre pro-spartiate – et la guerre dite « du Péloponnèse » éclate en 431. Elle durera jusqu'à la victoire des Spartiates et leurs alliés, en 404, soit sept ans après la première représentation de *Lysistrata*.

Aristophane est donc le poète d'une époque où Athènes est à la fois menacée et dominante. En effet, sous l'impulsion de Périclès, le Ve siècle devient une sorte d'âge d'or culturel du monde grec, où éclosent l'histoire, la philosophie et le théâtre, ce dernier constituant une véritable institution civique. Les festivals qui donnent lieu aux concours de tragédies et de comédies sont avant tout des fêtes religieuses organisées et financées par la cité. Ainsi, l'ensemble du peuple athénien peut y assister, y compris les étrangers, les métèques et les femmes, et les magistrats y ont leur place d'honneur. C'est par ailleurs à l'occasion de ces grands rassemblements que les cités alliées d'Athènes viennent déposer leur tribut, et un héraut rappelle les noms des hommes morts à la guerre avant que commencent les spectacles.

Les pièces représentées abordent communément des problèmes politiques contemporains, et le théâtre permet au public de nourrir sa réflexion sur ce sujet. La pièce *Les Perses* d'Eschyle décrit par exemple la bataille de Salamine que les Grecs ont remportée contre les Perses en 480 ; *Œdipe-roi*, de Sophocle, commence par l'évocation de la peste de

430, qui a ravagé Athènes et causé la mort de Périclès. Ce que l'on appelle la « comédie ancienne », dont Aristophane demeure le principal représentant pour nous, se plaît à tourner en dérision des hommes importants de la vie publique, comme Socrate dans *Les Nuées* (423), ou à mettre en scène des situations politiques fantaisistes, comme c'est le cas avec *Lysistrata*.

Pour situer plus précisément encore le contexte dans lequel la pièce qui nous intéresse est jouée pour la première fois, rappelons qu'Athènes vient de subir un échec militaire cuisant. Une expédition en Sicile est décidée en 415, afin de conquérir Syracuse et de pouvoir ainsi contrôler les importations de blé sicilien qui vont jusqu'à Sparte. Mais les stratèges aux commandes de l'opération sont divisés, et Alcibiade, pourtant à l'origine du projet, finit par se ranger du côté de l'ennemi. Athènes finit par échouer face à Syracuse, en 413, après avoir perdu une partie considérable de sa précieuse flotte. Le peuple athénien commence à accuser son gouvernement de répandre l'argent de la cité en dépenses colossales. Malgré quelques prises de position stratégiques en Égée l'année suivante, Athènes est troublée et divisée, et la démocratie elle-même s'en trouve menacée. C'est dans ce climat tendu qu'Aristophane fait représenter sa *Lysistrata*, donnant aux femmes le pouvoir d'agir pour la paix, face à des hommes devenus incapables de prendre en main une situation politique qui les dépasse.

Mais outre la résonance que la pièce peut avoir dans son époque et le contexte précis de la guerre du Péloponnèse, *Lysistrata* traverse l'histoire, marque les esprits, et ne manque pas de faire l'objet de réécritures et de transpositions. Les exemples d'adaptations théâtrales et cinématographiques sont multiples : *Lysistrata Jones* (2011), de Douglas Carter Bean, est un transfert de la pièce antique à la comédie musicale, dont l'intrigue se tient sur un campus universitaire ; *La Source des femmes*, de Radu Mihaileanu, raconte en 2011 l'histoire de femmes, quelque part en Afrique du Nord ou au Moyen-Orient, qui décident de faire la grève du sexe pour être déchargées de la laborieuse tâche d'aller tous les jours chercher l'eau à la montagne, alors que certains hommes so nt inoccupés. Ces deux exemples récents suffisent à supposer que la pièce dépasse largement l'impact qu'Aristophane en a espéré. Il est, en tout cas, intéressant pour le lecteur moderne de s'y plonger, en ce qu'elle livre un témoignage précieux sur les rapports hommes/femmes et les idéaux démocratiques de l'Athènes antique, mais aussi parce qu'elle se réadapte très facilement à d'autres situations, d'autres lieux, d'autres temps, où les relations intimes et sociales entre hommes et femmes n'ont pas fini de poser question.

LES THÈMES PRINCIPAUX

La femme sur le devant de la scène

La grande originalité d'Aristophane, c'est d'abord de faire d'une femme le personnage central. C'est bien la seule de ses pièces – d'après ce que nous en savons – qui porte pour titre le nom d'un personnage – et c'est de surcroît celui d'un personnage féminin. C'est que ce nom ne semble pas avoir été choisi au hasard, et « Lysistrata » programme véritablement les enjeux d'une œuvre vivifiée par une foison de symboles. Si nous suivons l'analyse de Silvia Milanezi, le choix de ce prénom repose sur l'alliance entre *luein* « délier » et *stratos* « armée » : ce prénom, existant par ailleurs au masculin, annonce ainsi une « dissolution des armées ». En outre, le nom de Lysimaque (« qui délie les combats ») est celui de la prêtresse d'Athéna en 411 : il est possible qu'Aristophane ait voulu y faire un clin d'œil, attachant au plus près l'intrigue de sa comédie au contexte politique de cette année-là. Enfin, *lysimelês* (« qui délie les membres »), terme récurrent dans la poésie amoureuse archaïque, peut résonner dans le nom de l'héroïne et le titre d'une pièce qui nous prépare à la couleur érotique dont elle sera fortement teintée. « Lysistrata », c'est bien sûr le nom d'une femme faite héros de comédie, mais c'est plus encore : c'est la désignation du projet dramaturgique d'Aristophane : délier une situation tortueuse et violente par la force – celle de l'amour – afin d'obtenir la paix.

Commence alors une comédie bâtie sur une confrontation entre hommes et femmes, mais seules les femmes – et Cinésias, l'époux de Myrrhine – ont droit à de véritables prénoms : aux côtés de Lysistrata, luttent également Cléonice, Athénienne et voisine de Lysistrata, Myrrhine, Athénienne elle aussi, et Lampito, Lacédémonienne. À elles s'opposeront un commissaire, des archers, un prytane, un

Laconien, c'est-à-dire des hommes *lambda*, sans identité autre que celle de leur fonction. Par ailleurs, les hommes sont toujours âgés, faibles, ridicules ou déments, c'est-à-dire jamais montrés sous un jour favorable, et au chœur des femmes ne s'oppose pas un chœur d'hommes, comme on pourrait l'attendre, mais bien un chœur de vieillards.

Les femmes ont le dessus : elles existent à part entière, s'affirment et agissent. La grève du sexe et l'occupation de l'Acropole sont présentées comme des prises de position fortes, maintenues grâce à la détermination et au « jugement » (v. 1124) de Lysistrata, dont les arguments font mouche et mettent à mal ses interlocuteurs masculins, notamment lors du premier *agon* (scène de débat typique des comédie) contre le commissaire. Mais elle n'est pas la seule à agir : lors du *parodos*, le chœur des femmes empêche les hommes d'incendier l'Acropole ; d'autres femmes mettent en déroute les archers du commissaire qui sont venus les attaquer ; Myrrhine joue un tour à son mari, feignant de céder à ses avances pour mieux le tourner en ridicule.

Les femmes recourent ainsi à ce que Baudelaire appellera le *mundus muliebris*, l'univers de la femme. Ici, c'est ce qui les réduit communément à l'infériorité qui devient leur arme. Lysistrata affirme au commissaire qu'elles parviendront à démêler la situation comme elles le font quand elles tissent « avec leur fil » (v. 467). Le tissage, activité féminine et symbole de Pénélope, épouse fidèle et sage, qui passe de longues années de solitude à attendre le retour d'un époux quelque peu frivole, sert ici de métaphore : le lot des femmes grecques, c'est l'intérieur de la maison, le silence et la patience. Dès le début, Lysistrata annonce à Cléonice, qui prétend que la femme est un bien « faible support » (v.31), que ce sont précisément leurs artifices féminins (tuniques, parfums, bijoux) qui leur permettront de prendre le contrôle de la situation (v. 46-48). L'eau que les femmes déversent sur le feu des hommes, nourrit, là encore, le réseau symbolique de la pièce : la violence assassine des hommes, qui ne sont capables que d'assauts, est amortie par l'élément premier des femmes : l'eau. Les femmes de la pièce jurent souvent « par les deux déesses » : se réclamant à la fois d'Athéna – déesse de la stratégie et de la guerre, protectrice d'Athènes – et d'Aphrodite – déesse de l'amour, de la procréation et de la beauté, et qui est née dans l'eau – elles accomplissent une démonstration spectaculaire de leur toute puissance. Ce « monde des femmes » renverse le monde tel qu'il est habituellement, et la comédie nous montre la société à travers le miroir déformé du rire : ainsi le commissaire se retrouve affublé des attributs féminins, ceint d'un voile et le fuseau en main (v. 532-538), avant d'être symboliquement réduit à néant par les attributs de la mort que lui jettent ensuite Lysistrata et Cléonice à la figure (v. 599-607).

On a longtemps considéré que les pièces d'Aristophane devaient être épurées de leurs procédés comiques et grossiers pour être comprises, comme si l'obscénité de *Lysistrata* était la couche supérieure d'un propos qu'il fallait décaper pour être perçu. Il semble plus intéressant de suivre une tendance plus récente et considérer avec elle que le penchant grivois et grotesque de la pièce est un prisme par lequel Aristophane nous montre une situation grave et sérieuse. Ainsi, toutes les expressions grossières (par exemple, Lysistrata traitent ses compagnes de *pankatapugon*, littéralement « obsédées du derrière »), les allusions à la frustration et à la masturbation (comme la mention récurrente de l'*olisbos*, godemichet en cuir antique), les jeux de mots pornographiques, les moments de farce (comme les multiples levées de manteau qui permettent aux hommes de constater entre eux qu'ils ont bien tous le feu aux reins) ou cocasses (comme lorsque Myrrhine tourne en ridicule son époux Cinésias ou que les femmes se prêtent à un serment parodié) sont véritablement constitutifs de l'œuvre.

Ce recours, de la part des femmes, à leur force de séduction, est tourné en drôlerie. C'est le rire qui sert alors de décapant, divertissant l'esprit sans doute inquiet du public, pour mieux, peut-être, ouvrir les voies de la réflexion. Si la femme est mise sur le devant de la scène, elle ne l'est pas moins au cœur d'une comédie qui transforme l'intimité conjugale en farce libératrice : c'est là, semble-t-il, tout le parti-pris dramaturgique de *Lysistrata*, et toute son efficacité.

Un idéal politique

Lysistrata nous montre également une sorte d'utopie politique, à la fois en lien et en opposition avec les troubles qui agitent Athènes en 411, et ne se limite pas à une confrontation du féminin et du masculin. En effet, la grève du sexe a bien pour but d'obtenir la paix : cette revendication constitue probablement un désir partagé par le peuple athénien, et n'a rien d'essentiellement féminin. Par ailleurs, l'occupation de l'Acropole, suggérée sur scène par le petit « raidillon » (v. 288) qui y conduit, est un acte politique fort : l'Acropole représente le foyer et le maintien de la cité athénienne, avec son sanctuaire, le Parthénon. Les femmes, en l'occupant, réclament symboliquement la reconnaissance de leur légitimité en tant que citoyennes. Elles qui font régulièrement des sacrifices au Parthénon pour le bien de la cité, agissent déjà pour la collectivité : pourquoi donc ne pas envisager qu'elles aient un rôle plus actif, dans une cité qui, pour se maintenir, ne devrait pas laisser une partie de sa population réduite ainsi au silence ?

Face au commissaire, Lysistrata dénonce le comportement des maris qui cachent tout à leurs épouses et les somment de se taire dès qu'elles s'enquièrent des nouvelles de la cité (v. 506-514). Aristophane renverse ce comportement, sans doute vraisemblable, et laisse la parole des femmes se déployer sur scène, au service d'une utopie démocratique, qui suggère que la cité doit être portée par le peuple entier (*demos*), même les femmes. Ainsi, les femmes de *Lysistrata* peuvent être entendues comme des porte-parole du peuple athénien : lorsque le coryphée du chœur des femmes se plaint des dépenses colossales qui sont faites et qui ruinent la cité (v. 652-655), elle ne semble pas parler au nom des femmes, mais bien au nom du peuple – et il s'agit peut-être même d'une allusion directe à l'échec de l'expédition de Sicile. Les femmes agissent donc pour la collectivité, et quand bien même cela passe par une confrontation avec les hommes, il est bien plus question d'établir une véritable démocratie que de renverser le patriarcat. Lysistrata n'agit pas pour les femmes, mais pour tous, hommes et femmes d'Athènes et de l'Héllade, au nom de son devoir de citoyenne : « Te sauver, c'est mon devoir, mon ami » (v. 501), dit-elle au commissaire.

Aristophane semble ainsi rêver d'un monde grec pacifié, alors même que la situation militaire de 411 ne laisse pas présager la paix entre Lacédémone et Athènes – cette paix, d'ailleurs, n'aura pas lieu et les combats se poursuivront. Néanmoins, c'est bien le « salut de l'Héllade entière » (v. 29) qui dépend des femmes, selon Lysistrata. Les femmes à qui elle a donné rendez-vous au début de la pièce arrivent petit à petit : Athéniennes, Béotiennes, Lacédémoniennes apparaissent les unes après les autres, offrant ainsi au spectateur une sorte de défilé du monde grec, puisque Lysistrata et Cléonice ne manquent de relever les spécificités ethniques de chacune, comme par exemple le « corps vigoureux » (v. 80) de Lampito, entraînée à l'exercice physique, en bonne Spartiate qu'elle est.

Quand Lysistrata expose la manière de bien mener la politique (v. 574-586), elle évoque un grand « mélange » qui inclurait les métèques et les étrangers, comptant sur la « bonne volonté générale et commune ». Et la fin de la pièce, après que Lysistrata a rappelé à chacun les services qu'un autre lui a rendus (v. 1137-1188), offre un moment de fête, de joie et de bonne entente entre tout le monde. La « Conciliation » (v. 1114) apparaît, invoquée par Lysistrata, et la paix est actée. Ambassadeurs, prytanes, hommes et femmes, tous honorent les dieux par leurs danses et leurs chants, dans une ultime scène de joyeuse paix, sans nul doute utopique.

On note enfin que la paix entre Athènes et Sparte semble résonner en écho à la paix entre les hommes et les femmes, ce qui confirmerait bien l'idée que la lutte que Lysistrata mène est un parti-pris qui serait moins féministe (avant l'heure) que démocratique et pacifiste : la paix entre hommes et femmes, introduite par le coryphée du chœur des femmes qui retire de l'œil du coryphée des hommes l'insecte qu'il a dans l'œil et le libère ainsi d'un mal qui le rongeait, annonce la paix entre les cités, débarrassées des parasites.

Lorsque Lysistrata argumente en faveur de la grève du sexe, et que les autres femmes supposent qu'elles pourraient se faire violer, Lysistrata répond que « jamais il n'y aura de jouissance pour un homme s'il n'est pas d'accord avec sa femme » (v. 165-166) : elle semble donc bien agir au nom d'une harmonie fondamentale entre les êtres humains, qui, avec un peu de jugement, devraient mettre fin à des violences qui les divisent et les détruisent.

D'ailleurs, les femmes ne sont pas si différentes des hommes, puisque Lysistrata est bien la seule à qui l'abstinence ne semble pas poser problème – ce qui tire son personnage vers une allégorie de la réconciliation (v. 1103-1104). Mais les femmes, comme les hommes, souffrent de ne plus s'unir à leurs époux : elles sont très réticentes au début, et ont besoin, au milieu de la pièce, qu'un oracle leur confirme qu'elles doivent poursuivre, n'écoutant plus Lysistrata, alors désespérée de la faiblesse de ses comparses.

Lysistrata semble ainsi animée par l'idée que les êtres humains sont faits pour s'entendre et s'unir, que ce soit pour répondre aux enjeux de la vie en collectivité ou dans les replis de l'intimité conjugale. La différence et la diversité deviennent une force et une richesse, qui donnent à l'animal social que nous sommes une vie qui en vaut la peine, en cela qu'elle peut être harmonieuse et joyeuse. Aristophane nous prouve ainsi – et Platon le confirmera en le laissant définir l'amour dans *Le Banquet* en 380 – que s'il sait nous faire rire, il sait aussi nous faire rêver.

ÉTUDE DU MOUVEMENT LITTÉRAIRE

La comédie ancienne

Les concours dramaturgiques sont institués à Athènes en 486 – pour les Dionysies – et en 440 – pour les Lénéennes. Ces dates ouvrent ce qu'on appelle la période de la « comédie ancienne », qui s'achève approximativement en 385, à la mort d'Aristophane. Il s'agit d'une comédie essentiellement politique, qui n'hésite pas à tourner en dérision des personnages contemporains ou à se moquer de l'actualité. Le public participe à un jeu qui s'assume comme tel, au dépend de l'illusion, dont la comédie ancienne semble se moquer. Ainsi Trygée, dans *La Paix* (421), qui s'adresse directement au machiniste. Les décors sont riches et les objets nombreux ; les scènes de rue sont fréquentes ; les personnages sont volontiers gaillards et grossiers, pour le bon plaisir du spectateur. La comédie ancienne révèle ainsi ce qu'est étymologiquement la comédie : « le chant des fêtards ». L'exubérance en est une des caractéristiques les plus importantes, étroitement liée au culte de Dionysos : ces « chants de fêtards » avaient en effet initialement lieu dans le cadre de « phallophories », processions qui consistaient à transporter des phallus en l'honneur du dieu, afin de favoriser la fertilité des champs.

Généralement, la comédie ancienne obéit à une structure rigoureuse : un prologue, qui présente l'intrigue générale ; un *parodos*, qui consiste à faire entrer le ou les chœur(s), constitué(s) de groupes souvent fantaisistes ; parfois une parabase, moment où le coryphée se présente au public et parle au nom du poète ; une scène d'*agon*, de laquelle le héros sort victorieux ; des événements qui préparent toujours la victoire du héros ; enfin, l'*exodos*, la sortie du ou des chœur(s). La variété du rythme est également caractéristique de la comédie ancienne, et alternent des passages chantés et des passages parlés, la dramaturgie étant affaire surtout de poésie.

Aristophane est le seul auteur de cette période de qui nous ayons des pièces entières : l'approche que nous pouvons avoir de ce courant dépend donc presque intégralement de l'étude de neuf de ses pièces : *Les Acharniens*, *Les Cavaliers*, *Les Nuées*, *Les Guêpes*, *La Paix*, *Les Oiseaux*, *Lysistrata*, *Les Thesmophories*, *Les Grenouilles* – *L'Assemblée des femmes* et le *Ploutos* étant déjà du côté de la « comédie moyenne ». Nous savons par ailleurs que d'autres auteurs tels que Cratinos et Eupolis s'adonnent à la comédie ancienne, mais nous n'en avons que des fragments épars, et même Aristote n'en fait pas de cas dans la *Poétique*, écrite un siècle plus tard.

En 322, la comédie est totalement renouvelée sous l'impulsion de Ménandre : elle quitte la sphère politique pour se consacrer à la peinture des caractères. Les personnages deviennent des « types » qui incarnent un certain comportement, dont on se moque pour mieux le questionner. C'est ce qu'on appelle la « comédie nouvelle » – qui apparaît après une transition d'une cinquantaine d'années, la « comédie moyenne ». Ce renouvellement est crucial, puisqu'il donnera ses origines à la comédie latin de Térence et Plaute et perdurera au moins jusqu'à Molière, dont les pièces relèvent bien de cette comédie dite « de mœurs ».

DANS LA MÊME COLLECTION
(par ordre alphabétique)

- **Anonyme**, *La Farce de Maître Pathelin*
- **Anouilh**, *Antigone*
- **Aragon**, *Aurélien*
- **Aragon**, *Le Paysan de Paris*
- **Austen**, *Raison et Sentiments*
- **Balzac**, *Illusions perdues*
- **Balzac**, *La Femme de trente ans*
- **Balzac**, *Le Colonel Chabert*
- **Balzac**, *Le Lys dans la vallée*
- **Balzac**, *Le Père Goriot*
- **Barbey d'Aurevilly**, *L'Ensorcelée*
- **Barbey d'Aurevilly**, *Les Diaboliques*
- **Bataille**, *Ma mère*
- **Baudelaire**, *Les Fleurs du Mal*
- **Baudelaire**, *Petits poèmes en prose*
- **Beaumarchais**, *Le Barbier de Séville*
- **Beaumarchais**, *Le Mariage de Figaro*
- **Beauvoir**, *Mémoires d'une jeune fille rangée*
- **Beckett**, *Fin de partie*
- **Brecht**, *La Noce*
- **Brecht**, *La Résistible ascension d'Arturo Ui*
- **Brecht**, *Mère Courage et ses enfants*
- **Breton**, *Nadja*
- **Brontë**, *Jane Eyre*
- **Camus**, *L'Étranger*
- **Carroll**, *Alice au pays des merveilles*
- **Céline**, *Mort à crédit*
- **Céline**, *Voyage au bout de la nuit*

- **Chateaubriand**, *Atala*
- **Chateaubriand**, *René*
- **Chrétien de Troyes**, *Perceval*
- **Cocteau**, *Les Enfants terribles*
- **Colette**, *Le Blé en herbe*
- **Corneille**, *Le Cid*
- **Crébillon fils**, *Les Égarements du cœur et de l'esprit*
- **Defoe**, *Robinson Crusoé*
- **Dickens**, *Oliver Twist*
- **Du Bellay**, *Les Regrets*
- **Dumas**, *Henri III et sa cour*
- **Duras**, *L'Amant*
- **Duras**, *La Pluie d'été*
- **Duras**, *Un barrage contre le Pacifique*
- **Flaubert**, *Bouvard et Pécuchet*
- **Flaubert**, *L'Éducation sentimentale*
- **Flaubert**, *Madame Bovary*
- **Flaubert**, *Salammbô*
- **Gary**, *La Vie devant soi*
- **Giraudoux**, *Électre*
- **Giraudoux**, *La Guerre de Troie n'aura pas lieu*
- **Gogol**, *Le Mariage*
- **Homère**, *L'Odyssée*
- **Hugo**, *Hernani*
- **Hugo**, *Les Misérables*
- **Hugo**, *Notre-Dame de Paris*
- **Huxley**, *Le Meilleur des mondes*
- **Jaccottet**, *À la lumière d'hiver*
- **James**, *Une vie à Londres*
- **Jarry**, *Ubu roi*
- **Kafka**, *La Métamorphose*
- **Kerouac**, *Sur la route*
- **Kessel**, *Le Lion*

- **La Fayette**, *La Princesse de Clèves*
- **Le Clézio**, *Mondo et autres histoires*
- **Levi**, *Si c'est un homme*
- **London**, *Croc-Blanc*
- **London**, *L'Appel de la forêt*
- **Maupassant**, *Boule de suif*
- **Maupassant**, *La Maison Tellier*
- **Maupassant**, *Le Horla*
- **Maupassant**, *Une vie*
- **Molière**, *Amphitryon*
- **Molière**, *Dom Juan*
- **Molière**, *L'Avare*
- **Molière**, *Le Malade imaginaire*
- **Molière**, *Le Tartuffe*
- **Molière**, *Les Fourberies de Scapin*
- **Musset**, *Les Caprices de Marianne*
- **Musset**, *Lorenzaccio*
- **Musset**, *On ne badine pas avec l'amour*
- **Perec**, *La Disparition*
- **Perec**, *Les Choses*
- **Perrault**, *Contes*
- **Prévert**, *Paroles*
- **Prévost**, *Manon Lescaut*
- **Proust**, *À l'ombre des jeunes filles en fleurs*
- **Proust**, *Albertine disparue*
- **Proust**, *Du côté de chez Swann*
- **Proust**, *Le Côté de Guermantes*
- **Proust**, *Le Temps retrouvé*
- **Proust**, *Sodome et Gomorrhe*
- **Proust**, *Un amour de Swann*
- **Queneau**, *Exercices de style*
- **Quignard**, *Tous les matins du monde*
- **Rabelais**, *Gargantua*

- **Rabelais**, *Pantagruel*
- **Racine**, *Andromaque*
- **Racine**, *Bérénice*
- **Racine**, *Britannicus*
- **Racine**, *Phèdre*
- **Renard**, *Poil de carotte*
- **Rimbaud**, *Une saison en enfer*
- **Sagan**, *Bonjour tristesse*
- **Saint-Exupéry**, *Le Petit Prince*
- **Sand**, *Indiana*
- **Sarraute**, *Enfance*
- **Sarraute**, *Tropismes*
- **Sartre**, *Huis clos*
- **Sartre**, *La Nausée*
- **Sartre**, *Les Mots*
- **Senghor**, *La Belle histoire de Leuk-le-lièvre*
- **Shakespeare**, *Roméo et Juliette*
- **Steinbeck**, *Les Raisins de la colère*
- **Stendhal**, *La Chartreuse de Parme*
- **Stendhal**, *Le Rouge et le Noir*
- **Verlaine**, *Romances sans paroles*
- **Verne**, *Une ville flottante*
- **Verne**, *Voyage au centre de la Terre*
- **Vian**, *J'irai cracher sur vos tombes*
- **Vian**, *L'Arrache-cœur*
- **Vian**, *L'Écume des jours*
- **Voltaire**, *Candide*
- **Voltaire**, *Micromégas*
- **Zola**, *Au Bonheur des Dames*
- **Zola**, *Germinal*
- **Zola**, *L'Argent*
- **Zola**, *L'Assommoir*
- **Zola**, *La Bête humaine*

Lightning Source UK Ltd.
Milton Keynes UK
UKHW010658160921
390678UK00004B/669